Arun K. Chakraborty · Wie lerne ich meditieren?

Arun K. Chakraborty

Wie lerne ich meditieren?

Ein Praxishandbuch

FRIELING

Bibliografische Information der Deutschen Bibliothek

Die Deutsche Bibliothek verzeichnet diese Publikation in der Deutschen Nationalbibliografie; detaillierte bibliografische Daten sind im Internet über http://dnb.ddb.de abrufbar.

© Frieling-Verlag Berlin

Eine Marke der Frieling & Huffmann GmbH

Rheinstraße 46, 12161 Berlin

Telefon: 0 30 / 76 69 99–0

www.frieling.de

ISBN 978–3-8280–2821-0

1. Auflage 2010

Umschlaggestaltung: Michael Reichmuth, Berlin

Bild der Sonne (S. 41) von Bindu Chakraborty

Satz: Satz- & Verlagsservice Ulrich Bogun, Berlin

Sämtliche Rechte vorbehalten

Printed in Germany

> »Meditation ist unsere Natur.«

Ramana

Inhalt

Vorwort

Das Meditieren ist heute sehr populär.
Es gibt viele Bücher über Meditation.
Alle reden von Meditation.
Meditation ist eine heilbringende Botschaft!

Auf die Frage an die Teilnehmerinnen der Meditationsseminare, warum sie meditieren lernen wollen, werden häufig folgende Gründe genannt:

Gesundheit, stressfrei sein, Entspannung, innere Ruhe usw.

Aber sie wissen meistens nicht, wie dieses Ziel zu erreichen ist.

Es gibt zahllose Bücher. Aber es fehlen ganz einfach leicht verständlich für Anfänger geschriebene Bücher, die genauere Anleitungen zur Meditation geben, Schritt für Schritt aufbauende Wege zeigen, die die Praxis ermöglichen.

Dieses vorliegende Büchlein ist ein Praxis-Handbuch. Wenn Du meditieren lernen willst, dann ist dieses Handbuch genau das Richtige. Das Buch gibt Dir ganz genaue Anweisungen, Schritt für Schritt meditieren zu lernen.

Dieses Büchlein ist aus der über 20-jährigen Erfahrung meiner Meditationsseminare entstanden.

Meine persönliche Praxiserfahrung liegt noch weiter zurück, bis in meine Kindheit.

Im 4./5. Lebensjahr habe ich beobachten können, wie meine Eltern in der Stille saßen und meditierten. Das machten sie jeden Morgen und Abend.

Dieses Bild von meinen Eltern in der Stille ist für mich ein prägender Hintergrund für meine eigene Meditation gewesen.

Das Praxis-Handbuch ist hauptsächlich aus vielen Notizen, Konzepten in Form von Zetteln entstanden.

Möge es auch für Dich ein hilfreicher Begleiter sein.

Arun K. Chakraborty

Anfang
Eine gewisse Führung

Lerne allein zu sein, nichts zu tun und auch nicht zu denken.

Das geht einfach …

Du sitzt oder liegst, Du hast nichts vor …

Du willst nur sehen (innerlich), beobachten, wie der Körper und der Geist allmählich zur Ruhe kommen …

Es kann etwas dauern, fünf Minuten, zehn Minuten oder gar fünfzehn Minuten.

Einfach sich selbst beobachten. Es ist eine wichtige Erfahrung, zu sehen, was der Geist macht.

Wichtig:
Zeit finden, Raum finden, ungestört sein.
Ein Klima der geistigen Ruhe
und des Mitgefühls finden.
Geduld ist sehr wichtig.

Erster Schritt zur Meditation

- Du hast die Zeit und einen Raum gefunden.

- Du kannst allein sein mit Dir selbst.

- Du beobachtest ohne Bewertung Deinen Geist, Deine Empfindungen.

- Du spürst eine gewisse Ruhe in Dir.

- Du findest einen angenehmen, aufrechten Sitz, auf dem Boden oder auf einem Stuhl.

> *Suche einen ruhigen, stillen Ort*
> *und bleibe bewegungslos.*

Innere und äußere Voraussetzungen

Innere Voraussetzungen, innere Einstellungen

- Warum willst Du meditieren lernen?

- Kläre Deine Motivation, Deine inneren Beweggründe.

- Wie fest ist Deine Entschlossenheit?

> *Es ist sehr wichtig,*
> *eine gewisse Disziplin*
> *auf dem Weg der Meditation einzuhalten.*

Zum ersten Schritt

Innere Haltung

Warum willst Du meditieren lernen?
Was sind die inneren Beweggründe?
Deine innere Einstellung, deine Entschlossenheit.

Grundmotivation:
Ist es die Entspannung?
Sind es Gesundheitsprobleme, oder möchtest Du Dich spirituell weiterentwickeln?

Wenn man in der Meditation weiter in der Tiefe unseres Bewusstseins sein will, dann braucht man eine starke Entschlossenheit und innere Sehnsucht. Dazu braucht man Verbindlichkeit.

- Du nimmst Dein selbstgestecktes Ziel ernst.
- Disziplin und Ausdauer sind genauso wichtig.

Am Anfang lerne, allein zu sein.

- Suche einen ruhigen Raum, hier kannst Du ungestört allein sein.
- Du hast Zeit.
- Du kannst diesen Raum (Meditationsraum) angenehm schön gestalten.

Äußere Voraussetzungen

* Du musst Zeit für das »Alleinsein« finden.

* Nicht mit vollem Magen in die Meditation gehen.

* Suche einen ruhigen Raum.

* Trage bequeme Kleidung.

* Du kannst ungestört allein sein, an einem »Rückzugs-Ort«.

* Du richtest Dir eine Ecke eines Raumes für die Meditation ein.

* Stelle z. B. einen »Altar« auf, mit einer grünen Pflanze, Blumen, einem Duft, Weihrauch.

* Welche Tageszeiten sind günstiger? Am Morgen und/ oder am Abend?

* Regelmäßigkeit ist sehr wichtig, meditiere so oft wie möglich. Lieber oft für kürzere Zeit, als eine längere Zeit hin und wieder zu meditieren.

* Zeitdauer: Mit wenigen Minuten anfangen, bis zu mehreren Minuten, z. B. 2 Min. / 3 Min. / 15 Min. usw.

> *Meditation soll gepflegt kultiviert werden.*
> *Meditation soll völlig in den Lebensalltag integriert werden.*

Übungen am Anfang
Hören · Denken · Atem

1. Hören
Wenn Du dasitzt, kannst Du Deine Augen schließen.

Versuche Dein Gehör zu benutzen, um zu erfahren, was es um Dich herum für Geräuschkulissen gibt.
   Lausche, was sich alles Mögliche in Deiner Umgebung abspielt.

Nichts beurteilen …
Bleibe einige Minuten …

2. Denken
Du kannst nicht verhindern, dass die unwirklichen Selbstgespräche und Gedanken weiterlaufen.

Versuche, Deine Gedanken und Selbstgespräche einfach zu beobachten.

Nicht beurteilen. Du tust nichts, als einfach neutral zu beobachten.

Du wirst feststellen, dass sich andere Gedanken einschleichen, immer wieder.

Wenn Du keine Aufmerksamkeit auf den Gedanken schenkst, sondern Deine Aufmerksamkeit auf den Atem lenkst, dann könnte es sein, dass Du nur die *Ein- und Ausströmung des Atems* beobachtest.

3. Atem

Beobachten des eigenen Atems. Erfahre, wie Du atmest – oder atmen lässt.

Es ist ein wichtiges Geschehen, dass Du atmest.

Gewöhnlich sagen wir: »Ich atme!« Also willkürlich.

Beobachte dieses Geschehen für einige Minuten.

Wenn wir uns dieses Geschehen des Atems bewusst machen, dann sehen wir, dass wir nur »passiver Beobachter« oder Zeuge von etwas sind, das sich ohne unser Zutun abspielt.

Der Atem kommt und geht ohne unsere Absicht.

Wir sind beides, sowohl aktiver »Akteur« und passiver Beobachter oder »Zeuge«.

Atem-Meditation
Atem als Objekt der Meditation

Der Vorgang der Atmung – Einströmung des Atems – ist ein sehr gutes und wirksames Werkzeug, um unseren unruhigen Geist zur Ruhe zu bringen. Das ist eine gute Voraussetzung für die Meditation.

Du hast einen störungsfreien Raum, wo du deine Meditation verrichten kannst.

Du hast einen angenehmen, festen Sitz auf der Meditationsmatte. Dein Körper ist ohne Spannung, aufrecht, fest und angenehm.

Du beobachtest Deine Atmung – Einatmung und Ausatmung. Die Bewegung der Strömung des Einatmens und Ausatmens auf der Bauchdecke kannst Du genau spüren, beobachten, verweilen.

Zunächst bleibe kurz, zwei bis drei Minuten. Dann legst Du eine kurze Unterbrechung ein.

Nach dieser Unterbrechung sitzt Du wieder aufrecht, beobachtest die Bewegung des Atems.

Du hast schon die erste Sitzung mit gutem Erfolg verrichtet.

Jetzt können einige Minuten mit Musik zur Entspannung folgen. Dabei liegst Du auf dem Rücken.

Der Augenblick und Meditation

Der Augenblick kann dann wahrgenommen werden, wenn alles leer geworden ist.

Worte: leer, Gedanken: leer, Bilder von gestern und morgen: leer.

Der Augenblick hat keine Vergangenheit, keine Zukunft.

Der Augenblick ist in unmittelbarer Gegenwart, im Hier und Jetzt.

Wenn Du Deine Gedanken beobachtest, dann wirst Du überrascht sein, dass Dein Geist sich nur mit Vergangenheit und Zukunft beschäftigt.

Aber Du lebst nicht in der Vergangenheit, Du lebst nicht in der Zukunft.

Du lebst in diesem konkreten Augenblick, im Hier und Jetzt.

Unser Leben besteht aus Augenblicken. Können wir in diesen Augenblicken leben – spüren?

In der Atem-Meditation und in der Achtsamkeitspraxis leben wir im Hier und Jetzt, im Augenblick.

Wenn Du meditieren lernst, wirst Du die Erfahrung machen, dass es für Dich möglich ist, in der Atem-Meditation und in der Achtsamkeitspraxis, im Hier und Jetzt zu verweilen, *im Fluss des ewigen Jetzt.*

Der Rhythmus des Lebens

»Dreifach ist der Rhythmus des Lebens:
nehmen
geben
sich selbst vergessen.

Einatmend nehme ich die Welt in mich auf.
Ausatmend gebe ich mich an die Welt.
Leer geworden lebe ich in mir selbst.

Lebe
ohne Selbst
in vollkommener Leere.«

Govinda

Auf dem Weg der Meditation

werden wir durch Übungen erleben, dass es möglich ist,

> die Stufen des Loslassens,
> des Freiseins von Beschränkungen der Ideen,
> der Wirklichkeitskonstruktionen,
> von Gestern und von Morgen
> zu erfahren.

Wir werden den Augenblick eines Anfängergeistes wie ein *So-Sein des Kindes* erfahren.

Jeder Augenblick ist neu, nicht wiederholbar.

Es ist eine Entdeckung, die einmalig ist.

Meditation ist ein unaufhörlicher Prozess des Augenblicks.

In den Stufen des Loslassens ...

Auf dem Wege der Worte

Auf dem Wege des Schweigens

Auf dem Wege des Körpers

Auf dem Wege des Atems

Auf dem Wege des Augenblickes

Auf dem Wege des Anfängergeistes im SoSein des Kindes

Auf dem Wege der Meditation

Auf dem Wege der Spiritualität

Auf dem Wege der Transformation

sind wir im Urgrund des Seins.

Die positiven Sätze
zum Vorsprechen

- Ich bin hier.

- Ich bin ruhig und gelöst.

- In meinem Inneren ist es still.

- Der Atem fließt ungehindert und frei.

- Ich habe Zeit; nichts stört mich.

- Ich bin in einem stillen Raum.

- Ich bin bereit für die Meditation.

- Mich stützt dieser Raum.

- Ich habe Zeit.

- Immer tiefer sickert die Entspannung in mich ein.

- Ich bin gesammelt.

Was ist Meditation?

»Meditation ist einfach eine Frage von Sein, schmelzen wie ein Stück Butter in der Sonne.

Es hat nichts damit zu tun, ob Du irgendetwas über Meditation »weißt«.

Wenn Du Meditation praktizierst, bist Du jedes Mal frisch, als wäre es das allererste Mal.

Sitz einfach ganz ruhig; Körper, Sprache und Geist still und entspannt, und erlaube den Gedanken zu kommen und zu gehen, ohne Anhaften und Festhalten.

Brauchst Du zur Unterstützung etwas, worauf Du Dich konzentrieren kannst, beobachte einfach den Atem.«

Sogyal Rinpoche

Meditation:

Unterschiedliche Bedeutung für verschiedene Menschen

»Die Meditation führt zur direkten Erfahrung eines höheren Bewusstseinszustandes.«

Nach persönlichen Neigungen, Fähigkeiten und Bedürfnissen gehen Menschen bei der Meditation vor.

So sind Ziele und Wege verschieden, aber doch ähnlich.

Meditation dient heute z. B. der Stressbewältigung, Selbstheilung und Persönlichkeitsentwicklung.

Traditionell diente die Meditation der spirituellen Entwicklung (religiöse Welt).
   Heute scheint der Gesundheitsaspekt viel wichtiger. Eine einfachste Form der Meditation erweist sich z. B. als wirkungsvolles *Anti-Stress*-Mittel.
   Heilmeditation, kreative Meditation, Einsichtsmeditation.

Gemeinsamkeiten aller Formen der Meditation ist die Ruhe, Konzentration, der innere Gang.

Meditation im Alltag

Der Meditierende ist ruhig, gelassen, voller Frieden und hellwach, weil er jede Situation durchschaut.

Darum gewinnt er ein ausgeglichenes Gemüt und Fähigkeit im Handeln.

Gedanken im täglichen Leben bedeuten keine Unterbrechung der Meditation mehr, wenn der Meditierende zuallererst der Zuschauer seines Denkens und Handelns ist.

Achtsamkeitsschulung im Alltag

Täglich solltest Du für gewisse Zeit bewusst die Achtsamkeit üben.

Dabei solltest Du Atemvorgang, Denkabläufe und Körperempfindungen beobachten. Im Alltag wirkt sich das schon nach kurzer Zeit positiv aus.

Es fällt dann leichter, bei allen Tätigkeiten und Handlungen aufmerksamer zu sein. Besonders bei der Meditation.

Achtsamkeitsschulung ist genau so wie Meditation.

Achtsamkeit auf die Atmung ist eine gute Voraussetzung für Meditation.

Im täglichen Leben kannst Du bei allen kleinen Dingen, vom Aufstehen bis Zubettgehen, die Achtsamkeitsübungen verrichten.

Es heißt:
»Was Du auch tust, tue mit Achtsamkeit.«

Wenn Du Dich wäschst, wenn Du Tee trinkst, wenn Du gehst, … Du bist ganz und gar dabei bei dem, was Du gerade tust.

Die Gehmeditation

Vordergründig ist die Gehmeditation eine Übung der Achtsamkeit.

Worauf konzentrieren wir uns bei der Gehmeditation?

- auf die Empfindungen, die das Gehen im Körper hervorruft,
- auf den Atemvorgang,
- auf die bewussten Bewegungen der einzelnen Körperteile: wie ein Fuß auf den Boden gesetzt wird und wir unser Gewicht verlagern …, dann ein anderes Bein heben und ebenfalls auf den Boden setzen,
- jeden Schritt bewusst und achtsam tun,
- heben – tragen – setzen,
- Du schreitest einfach nur im Raum auf und ab, oder im Kreis, ohne Sinn und ohne Ziel.

Bei einer langsamen Bewegung kannst Du die einzelnen Bewegungen empfinden, wahrnehmen.

Eine formale Gehmeditation
ein störungsfreier Ort, Zeitdauer 10–15 Minuten.

Richte Deine Aufmerksamkeit auf einen Aspekt des Gehens, z. B. auf die Empfindungen,
oder auf die Füße,
oder auf den Atem.

Nach der Beendigung der Gehmeditation kannst Du Dich entspannen. Dabei legst Du Dich auf den Boden

Wie eine Meditationssitzung sein könnte

Ein Modell

Erster Schritt:
Ankommen mit Entspannungsmusik

* Du legst Dich dabei auf eine warme Unterlage.
* Du hast Dich innerlich auf eine Meditationssitzung vorbereitet.
* Du hast Zeit.
* Du hast eine günstige Tageszeit
  – am Morgen oder Abend – gewählt.
* Du bist leicht, locker bekleidet.
* Du hast einen ungestörten Raum.
* Du fühlst Dich hier in diesem Raum wohl.

Was heißt »Ankommen«?

Ankommen heißt: Du bist in einem Raum angekommen. Du bist ganz hier … mit Deinem Körper, mit Deinem Geist und Gefühl. Du bist mit Deinen Gedanken hier in diesem Raum und nicht draußen.

Zweiter Schritt:
Reise durch den Körper
Eine Entspannungsübung

Das Abtasten von ganzen Körperteilen mit Deiner inneren Aufmerksamkeit ist eine besondere Art, sich zu entspannen und anzukommen.

- Du liegst auf der Yogamatte oder einer warmen Unterlage.
- Schließe Deine Augen. Entspannt konzentrierst Du Dich auf den Atem.
- Du kannst Deine Aufmerksamkeit innerlich durch Deinen ganzen Körper wandern lassen.
- Beginne mit dem linken Fuß, dann aufwärts durch andere Körperteile bis zum Kopf.
- Allmählich nimmst Du Deinen ganzen Körper wahr.
- Nun lenkst Du Deine Aufmerksamkeit auf den Atem. Einige tiefe Atemzüge …
- Du bist entspannt. Du bist bereit jetzt, Deine Meditationssitzung zu verrichten.

Dritter Schritt:
Atem-Meditation

Eine feste, angenehme Sitzhaltung. Du sitzt aufrecht auf einem Meditationskissen, Bänkchen oder einem Stuhl mit Rückenlehne.

Sitzhaltung
Die Sitzhaltung soll fest, stabil und aufrecht sein.

Stuhl mit Rückenlehne
Ein Stuhl mit gerader Lehne. Du sitzt gerade, die Füße stehen nebeneinander auf dem Boden. Eine aufrechte Sitzweise ist eine gute Voraussetzung für die Entlastung der Wirbelsäule. Die Hände liegen entspannt auf den Oberschenkeln. Halte den Kopf aufrecht. Das Kinn sollte leicht zur Brust geneigt sein.

Halber Lotussitz
Du beugst das rechte Bein im Knie und legst die rechte Ferse ans Schambein, genau über die Genitalien. Dann beuge das linke Bein im Knie und lege die linke Ferse genau über die rechte. Beide Knie sollen den Boden berühren.

Siddhasan (Meisterstellung)
Das linke Bein beuge im Knie und bringe die linke Ferse an den weichen Teil des Dammes, dem Raum zwischen After und Genitalien. Dann beuge das rechte Bein und lege die Ferse gegen das Schambein über den Genitalien. Für beide Stellungen soll ein festes Kissen benutzt werden, damit beide Knie am Boden ruhen können.

Sitz auf einer Meditationsbank
12–15 cm Sitzhöhe mit geneigter Sitzfläche. Beine mit Füßen werden unter der Sitzfläche hindurchgeschoben.

Wichtig ist eine aufrechte, stabile und angenehme Sitzhaltung.

Bequeme Kleidung, Hals frei, den Kopf halte man leicht gesenkt.

Vierter Schritt

Du hast bereits gelernt, wie Du Deinen Atem-Fluss beobachten kannst (S. 18).

Richte Deine Aufmerksamkeit auf die Bewegung des Atemzuges

das Kommen und das Gehen.

Dabei beobachtest Du die rhythmische Bewegung der Bauchdecke:

Heben und senken und dabei verweilen.

Nur für 2 Minuten.
- Nach dieser Zeit legst Du eine kurze Pause (Unterbrechung) ein.
- Du bleibst ganz still, völlig nach innen gekehrt.
- In dieser kurzen Zeit kannst Du Deine Sitzhaltung ein wenig lockern.
- Die Pause kann 1–2 Minuten lang sein.
- Danach setzt Du Dich noch einmal zur Meditation und beobachtest Deinen Atemzug und die Bewegung der Bauchdecke:

Heben und Senken.

Diese Sitzung kann etwas länger als die erste sein, fünf bis zehn Minuten.

Danach beendest Du die Sitzung.

Langsam lockerst Du Deinen Sitz und dann legst Du Dich hin. Entspanne Dich mit Musik.

Es ist wichtig, dass Du Dir ein Tagebuch für die Meditation zulegst. Dort kannst Du Deine Gedanken über die Meditationssitzung aufschreiben.

Hindernisse, Ablenkungen in der Meditation

Ganz häufig wird man durch körperliche Empfindungen abgelenkt oder durch Gedanken während der Beobachtung des Atemzuges.

Du nimmst das wahr, ohne zu beurteilen oder zu bewerten.

Deine Aufmerksamkeit richtet sich nur auf das Meditationsobjekt, und hier ist es *der Atem und seine Bewegung.*

Immer wieder kann eine Ablenkung Deine Aufmerksamkeit hindern. Wenn Du Dich damit nicht weiter beschäftigst, dann wird diese Ablenkung bald wieder verschwinden.

Wichtig ist Dein Gesammelt-Sein; dann wirst Du auf den Pfad der Atembewegung leicht zurückkehren.

Yoga und Meditation nach PATANJALI

Im achtgliedrigen Yoga-Weg gehört Meditation zur vorletzten Stufe.

dhyana (Sanskrit) bedeutet Meditation.

pratyahara bedeutet das Zurückziehen der Sinne.
dharana bedeutet, den Geist auf einen Punkt zu konzentrieren.
dhyana bedeutet Meditation.
samadhi bedeutet Versenkung.

Zur Vorbereitung der Meditation ist pratyahara sinnvoll und wirksam. In der Praxis sind die einzelnen Gliederungen nicht voneinander getrennt, mehr sind sie eine prozesshafte Entwicklung. Yoga und Meditation haben miteinander Ähnlichkeit. Beide sind ein Übungsweg. Du musst beide lernen und üben.

Beide Wege bringen Dir innere Ruhe und Kraft.

Ich verzichte auf theoretische Hintergründe in Yoga und Meditation.

Einige Techniken
für regelmäßige Meditation

Diese im Folgenden aufgeführten Techniken sind einfache, leicht erlernbare Hilfsmittel. Diese sind im Laufe der Jahrzehnte aus der Meditationspraxis entstanden.

1. Holzperlenkette (mala; indisch)

Diese Kette ist mit einer bestimmten Zahl von Perlen, z. B. 108, ausgestattet. Die Technik besteht darin, mit jedem gesprochenen heiligen Mantra, OM-Klang oder Amen eine Perle weiter zu schieben. Genauso kann man mit dem Atemzug vorgehen. Bei jedem Atemzug – Einatmung/Ausatmung – schiebt man eine Perle weiter, oder beim Einatmen schiebt man eine Perle und beim Ausatmen eine andere Perle.

Bei diesen erwähnten Techniken geht es um das Prinzip der Wiederholung.
a) Wiederholung eines Wortes (Heiliges Wort, z. B. OM oder ein anderer Name der Heiligen.)
b) Wiederholung eines Atemzuges, Mantras usw.

2. »Japa« oder Namensjapa

Das bedeutet, ein heiliges Wort oder den Namen des Gottes wiederholt zu murmeln.

Bei der Ausübung der Religionspraktiken wurde häufig »Japa« angewendet. Manche Gläubige murmeln fast den ganzen Tag.

Wer bist Du?

»Lausche.

Lausche in die Tiefe.

In die Tiefe zu diesem Klang.

Was ist es?

Ein Lufthauch?

Schwingende Stimmbänder?

Deine eigenen Trommelfelle?

Etwas, das dir durch den Kopf geht?

Ja, dies alles ist's.

Dieser Ton ist deine Schwingung.

Dieser Klang bist Du.

Wer bist Du?

Gib mir nicht Name, Wohnort und Beruf an.

Du weißt, das ist bloß Fassade, Maske, große Vorstellung.

Wer inszeniert sie? Dein Körper?

Was für ein In-Szene-Setzen!

Und wer führt Regie?

Dein Vater und deine Mutter. Haben sie dich auf die Bühne gestellt?

Komm herunter.

Du weißt sehr gut, wer du bist, aber du willst es nicht zugeben.

Tief hier drinnen in der Mitte, in der Mitte deines Herzens weißt du es. Du bist schon immer da gewesen und wirst es auch immer sein.

Und das Du in Dir ist das gleiche wie das Du in mir.«

Alan Watts

Visualisierung und Meditation

Was ist Visualisierung?
Visualisierung bedeutet, sich etwas bildhaft vorzustellen.

Jeder Mensch hat die Fähigkeit, sich etwas vorzustellen. Dabei kann man sich alle Sinneswahrnehmungen, wie Gehörtes, Geruch, Geschmack usw. vorstellen. Diese Vorstellungsfähigkeit muss man durch Übungen pflegen und steigern. Diese Fähigkeiten bzw. geistigen Kräfte werden in der *Visualisierung* benutzt.

Außerdem kannst Du Deine Konzentration und Dein Gedächtnis stärken. Durch eine intensive Visualisierung in verschiedenen Ebenen, wie Körpergefühl auf emotionaler, geistiger und spiritueller Ebene, wirst Du empfänglicher für unmittelbare Erfahrungen in diesen Bereichen. Zugleich wird eine meditative Stimmung entstehen.

Die Visualisierung mit geeigneten Inhalten ist eine »gelenkte *Meditation*.«

Im Folgenden werde ich einige Texte aufschreiben. Am besten kannst Du diese gewählten Texte auf eine Kassette aufnehmen. Du kannst sie dann nach Bedarf abspielen.

Zusammenfassend kann man sagen, dass Visualisierung Deine Meditation intensivieren wird.

Um eine gelungene Visualisierung in der Meditation zu nutzen, sollst Du Dich zuallererst entspannen.

Dazu habe ich eine kurze Entspannungsübung für Dich aufgeschrieben. (Siehe »Reise durch den Körper, S. 30).

Die Sonne

Stell Dir vor, dass Du in der Morgendämmerung am Strand stehst. Das Meer ist fast bewegungslos, während die letzten hellen Sterne am Himmel verblassen, Du spürst frische und klare Luft.

Du beobachtest das Wasser, die Sterne, den noch dunklen Himmel.

Lass Dir etwas Zeit, die Stille vor dem Sonnenaufgang zu erleben, diese besondere Ruhe, die alle Möglichkeiten birgt.

Langsam beginnt die Dunkelheit zu weichen, und die Farben ändern sich. Der Himmel über dem Horizont wird erst rot, dann golden. Die ersten Strahlen der Sonne erreichen Dich, und Du siehst, wie die Sonne allmählich über dem Wasser emporsteigt.

Die Sonne hat sich wie eine Scheibe jetzt halb aus dem Wasser gehoben, halb liegt sie noch unter dem Horizont. Dadurch bildet sie auf dem Wasser eine Bahn glänzenden Lichtes zu Dir.

Die Wassertemperatur ist angenehm, und so entschließt Du Dich, hineinzugehen. Du fühlst Freude, während Du langsam in der goldenen Bahn des Wassers zu schwimmen beginnst. Du spürst, wie das Lichterfüllte Deinen Körper berührt. Du bewegst Dich ohne jede Anstrengung im Wasser.

Während Du der Sonne entgegenschwimmst, spürst Du immer weniger das Wasser. Dafür wird das Licht um Dich herum immer heller. Du fühlst Dich wohlig, geborgen im goldenen Licht, das Deinen Körper völlig durchströmt.

Jetzt badet Dein ganzer Körper in der vitalen Kraft der Sonne. Dein ganzes Wesen ist durchdrungen und erfüllt und erleuchtet von Wärme und Licht.

»Die Sonne« von Bindu Chakraborty

Der Tempel der Stille
Eine Phantasiereise

Du stellst Dir einen bewachsenen, grünen Hügel vor. Ein Weg führt nach oben, wo Du den Tempel der Stille sehen kannst. Der Tempel hat die gleichen Formen und Eigenschaften wie Dein höheres Bewusstsein: edel, harmonisch und strahlend.

Es ist ein sonniger, angenehm warmer Frühlingsmorgen. Du nimmst wahr, wie Du gekleidet bist, wirst Dir Deines Körpers bewusst, während Du den Weg hinaufgehst, Du spürst den Boden unter Deinen Füßen und die sanfte Frühlingsbrise auf Deinem Gesicht. Siehst Du die Bäume, Büsche, das Gras und die wilden Blumen um Dich herum, während Du weiter aufwärtsgehst?

Jetzt näherst Du Dich der Hügelspitze. Zeitlose Stille durchzieht die Atmosphäre im Tempel der Stille. Hier ist noch nie ein Wort gesprochen worden. Du stehst jetzt ganz nah vor dem großen, hölzernen Portal, spürst mit Deinen Händen das Holz. Bevor Du die Tür aufmachst, sei Dir bewusst, dass Du von vollkommener Stille umgeben sein wirst.

Jetzt trittst Du in den Tempel. Du fühlst Dich von Stille und Frieden umgeben. Du gehst weiter in den Tempel und in die Stille hinein und schaust Dich dabei um. Du siehst über Dir eine große, leuchtende Kuppel. Aber das Leuchten kommt nicht nur von den Sonnenstrahlen, sondern scheint auch von innen heraus zu kommen, aus einer Lichtquelle, die weiter vorne vor Dir liegt.

Du trittst nun in diese leuchtende Stille ein, als würdest Du ganz davon absorbiert. Strahlen warmen, segnenden und Kraft spendenden Lichtes umhüllen Dich, strömen durch Deinen Körper, fließen durch jedes Haar, jede Zelle Deines Wesens.

Meditation und Spiritualität

Der Ursprung der Meditation ist in den uralten spirituellen Praktiken in allen Religionen, Hinduismus, Buddhismus, Christentum, Islam und vor allem bei den Sufis zu suchen. Es gibt rituelle Wege der Religion mit Musik, Kerzenlicht, Weihrauch oder Räucherstäbchen, Gong-Gesängen, einfachem Mantrasingen, die eine vertiefte, meditative Stimmung erzeugen. (Allgemein ist es eine Gebets-Meditation.)

Meditation ist ein Übungsweg. Sie führt zum Einssein mit dem SELBST, dem Göttlichen. Es gibt nichts außerhalb des Göttlichen.

Das ist der Kern spiritueller Erfahrung.

Mein persönlicher Zugang zur Meditation war die Spiritualität, die ich in meiner Kindheit von meinen Eltern kennenlernte.

In meiner Kindheit konnte ich beobachten, wie meine Eltern jeden Tag, morgens und am Abend, saßen, um zu meditieren. Das war für mich eine einprägsame Erfahrung.

Eine intensive Übung ist wichtig und notwendig, um eine tiefere Verwurzelung mit der Meditation zu erfahren.

> »Durch Deine tägliche Meditationspraxis
> wird sie für Dich etwas ganz Natürliches.«
>
> (Ramana)

Die Brücke

»Meditation
ist
die Brücke,
die
den Menschen
mit
Gott
verbindet.«

Vivekananda

Wort des Dankes

Vor meinen Eltern verneige ich mich in Demut. Sie haben durch ihre täglichen Praktiken der Spiritualität und Meditation bei mir, in der Kindheit, eine prägende Erinnerung hinterlassen. Das hat auf meine weitere Entwicklung einen großen Einfluss ausgeübt.

Vor meinem geistigen Lehrer (Guru) verneige ich mich in Demut. Bei ihm lernte ich das heilige Gayatri-Mantra zu rezitieren. Er zeigte mir in meinem elften Lebensjahr den Weg des Yoga, den ich seitdem nicht verlassen habe.

Ein besonderer Dank gilt Manuella Dölker. Sie hat mit viel Geduld sämtliche Textbearbeitungen übernommen. Sie ist eine meiner Yoga-Meditationsschülerinnen.

An dieser Stelle danke ich allen meinen »Seminarteilnehmerinnen« für ihre vielfältigen Anregungen. Schließlich haben sie mich motiviert, dieses Buch zu schreiben.

Ein lieber Dank gilt meiner Tochter Bindu Chakraborty für das Bild der »Sonne«, das aus dem Text einer Visualisierung in ihrer Phantasie entstanden ist.

Last but not least möchte ich meiner Frau einen lieben Dank sagen für ihre wertvollen Hinweise auf pädagogisch-didaktische Möglichkeiten bei der Textgestaltung. Ihr »Tun und Lassen« war immer im Hintergrund.

Quellen, Literaturhinweise

Piero Ferruci: *Werde was du bist.* rororo (Schüler von Dr. Roberto Assagioli)

Jon Kabat-Zinn: *Gesund und stressfrei durch Meditation.* O. W. Barth Verlag

Patricia Carrington: *Das große Buch der Meditation.* O. W. Barth Verlag

Klemens Tilman: *Die Führung zur Meditation.* Verlag Benzinger

Jan Gawler: *Die Mitte finden. Meditation.* O. W. Barth Verlag

Singer/Ricard: *Hirnforschung und Meditation.* SV

Alan Watts: *Meditation.* Goldmann Verlag
Alan Watts: *Om.* rororo

Boden, Liselotte: *Meditation und pädagogische Praxis.* Kösel Verlag

Wilber, Ken: *Einfach »Das«.* Fischer Verlag

Ramana Maharshi: *Die essentiellen Lehren. Eine Reise in Bildern.* J. Kamphausen

Nyanaponika: *Geistestraining durch Achtsamkeit. Verlag Christiani*

T. K. V. Desikachar: *Yoga – Tradition und Erfahrung.* via nova Verlag

Vivekananda: *Meditation.* Hinder + Deelmann Verlag